নীচু গিলোটিন

নীচু গিলোটিন

অর্ণব সাহা

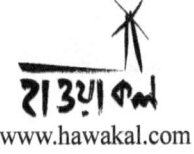

হাওয়াকল
www.hawakal.com

Nichu guillotine
A collection of Bengali poems
by Arnab Saha

প্রকাশ সেপ্টেম্বর ২০১৮

প্রচ্ছদ : Canva

প্রচ্ছদ প্রস্তুতি: বিতান চক্রবর্তী

হাওয়াকল পাবলিশার্স কর্তৃক ১৮৫, কালি টেম্পল রোড,
নিমতা, কলকাতা—৭০০০৪৯ থেকে প্রকাশিত এবং
এস পি কমিউনিকেশনস্, গড়পাড় রোড,
কলকাতা ৭০০০০৯ থেকে মুদ্রিত।

info@hawakal.com
Contact: 8420758224

১৫০.০০/-

ISBN: 978-93-87883-30-7

www.facebook.com//hawakaal.publishers

'হৃদয় এক পরিত্যক্ত কুয়ো'

অন্য বই

সারাটা রাত্রি ঘুমোতে পারি না... এত ভয় করে!
কেউ নেই, শুধু পাশের ঘরের খোলা জানলায়
যেন কার ছায়া ডাইনে ও বাঁয়ে দোল খেয়ে যায়
যেন ভিনগ্রহ থেকে একজন ক্ষীণ অশরীরী
আমার শোবার ঘরেও তীব্র নজর রাখছে:
চাদরে, বালিশে, তোমার কান্না, আত্মরতির
সমান্তরাল নিয়মে কতটা কাছাকাছি আসে!
হয়ত জীবন মাংসপিণ্ড, নীচু গিলোটিন
নেমে আসবার আগেও শান্ত স্বরে কথা বলে...

১.

ঝড়ের মতো শাটল গাড়ি
ফ্লাইওভারে উঠছে, নামছে
সীমা ভাঙার উৎসবে আজ
তোমার মুঠোয় আমার আঙুল

ছুঁয়েই থাকব, অনন্ত দিন
বহু যুগের ওপার থেকে
ইতিহাসের পর্দা নামবে
পথ দেখাবে মুহূর্তেরা

বৃষ্টি ঝরে পড়ছে আমার
বুকের উপর, উইন্ডস্ক্রিনে...

২.

'অর্চিষ্মান, ফিরে এসো'
লাল পিঁপড়ে বাসা ভেঙে দিলে
আর কোনো শুঁয়োপোকা
পিউপা থেকে যুবতী হবে না

সীমান্তে বিস্ফোরণ,
শত্রুঘাঁটি নিমেষে চুরমার,
কে যেন ভিতর থেকে
মুছে দেয় আলোর সুষমা

আমার ঠোঁটের পাখি
ভেজা চোখে জিভ বোলাতে চায়!

এখুনি সন্ধে নামবে
আজানের শব্দ ভেসে এল

ভিড় জমবে
পুরোনো দরগায়!

৩.

আলোর মতো ভারী
ধাতুর চেয়েও নরম

তোমার হালকা ডানায়
শিকল দেখেছিলাম

জাদুকরের রুমাল
ইশারা ছুড়ে দেয়

ধূর্ত রাত নামে
পর্দা সরে যায় !

ছইয়ের আবডালে
কাদের রূপকথায়

তক্ষকের জিভ
দু-ভাগ, আধচেরা ?

সেতুর ঢাল বেয়ে
সূর্য নেমে আসে

মুহূর্তের ঋণ
শোধ করার দাবি

অবাস্তব দিন

পিছুটানের ভোর !

৪.

বিপথগামিনী রাস্তা, আমি তার পাকদণ্ডী বেয়ে
টিলার চূড়ায় উঠি, বনাঞ্চল নিঃসঙ্গ, ফাঁকা;

শুকনো পাতা ঘষা লেগে জঙ্গলে আগুন ধরে গেছে

অতীত এক জতুগৃহ, দাহ্য, স্মৃতিভুক
বাতিল উইয়ের ঢিবি, ব্যর্থ ঘুণপোকা...

মেঠো আলপথ ধরে আজো কেউ একলা
                    হেঁটে যায়!

দিগন্ত ছাড়িয়ে কোনো অলৌকিক ভোরের আলোয়
ঘুমন্ত ব্রিজের নীচে তার সঙ্গে দেখা হয়েছিল।

৫.

খাঁচা ভাঙতে সবাই পারে না...

ভিতরে দেয়াল ছিল পরতে পরতে
                    ডাইনে-বাঁয়ে,
জানি, তবু ভালোবেসেছিলে

আবার আশ্বিন মাস,
থলি হাতে, নীচু হয়ে, কান্না চেপে
                    ঘরে ফিরছে লোক

একদিন, ঝড় থেমে যাবে

ভাঙা আয়না, টুকরো হয়ে
ছড়িয়ে রয়েছে পায়ে পায়ে

তুমি রক্তদাগ মুছে নিও

৬.

টাইট জিন্স আর টি-শার্ট পরলেই ইচ্ছেপাখি
                                        হয় না
ট্যাক্সিতে চুমু আর খোলা জিপারে হাত দিলেও না
কাঁটাতার লুকোনো থাকে বুকের খাঁজে
তাকে উপড়ে ফেলা কঠিন

অলস দুপুরে রোদ পোহায় কুমির
ছররা বন্দুকের গুলি পিছলে যায় হাওয়ায়
কে যেন দিগন্তে কেঁদে ওঠে
'আমার মুক্তি আলোয় আলোয়'
দ্রাঘিমারেখা ছোটো হয়ে আসে

"কখনো ইচ্ছেপাখি সত্যিই দেখেছেন?
মগডালে বা কার্নিসের ছায়ায়?
দানা খাইয়েছেন হেমন্তের ভোরে?"

বলা হয়নি কোনোদিন
'ইচ্ছেপাখি'-র সাথেই ঘর করি আমি
ঘণ্টা-মিনিট-প্রহর কেটে যায়
১৭টা বুলেট-বেঁধা ইচ্ছেপাখি
শাসন-ভাঙা লা-পরোয়া ইচ্ছেপাখি
আমার শরীরে নিজেকে মিশিয়ে দেয় সে
অনুশোচনায় ভোগে না

বেড়া ভাঙতে না জানলে
দিগন্তই কামড়ে ধরে একদিন
ভাগাড়ের পর ভাগাড় টপকে যায় নিয়তির শকুন

জমি নিষ্ফলাই থেকে যায়

৭.

নিয়তি এক কুলি-কামিন, নিয়তি হেমব্রম,
তার ছায়ায় সারা দুপুর হাড়িয়া খেয়েছিলাম

ব্রেসিয়ারের বালাই নেই, শাড়িতে টানটান
চুলের জটা পতঞ্জলি, ঝোড়ো কাকের বাসা

উড়িয়ে নেবে দিগ্বিদিক টিনের চালাঘরে
বিষ-মেশানো দুধের বাটি তামাটে বিকেলের

আলোয় তার মুখের উপর গড়িয়ে পড়া রোদে
আমার মৃত্যু ব্রিজের মাথায় ঝলসে উঠেছিল

কবে? কোথায়? ধুলোয় ভরা কোন ক্যালেন্ডারে
সে এক মৃত তারিখ হয়ে এখনো বেঁচে আছে!

মাথায় ঘোরে প্রপেলারের স্মৃতিকাতর হাওয়া
ঘামের ভিতর বিষাক্ত নুন, ঠোঁটের উপর ঠোঁট!

৮.

জলের ভিতরে নৌকো এঁকেবেঁকে চলে
অনর্গল রাত্রিদিন গল্পকথা বলে

গল্পের ভিতরে ফাটা ত্রিপলের ছই
পাটাতন সরে গেলে জল ঢুকে পড়ে

মাঝিমাল্লা বিড়ি টানে নৌকোর কিনারে
মাঝিমাল্লা রেডিওয় কৃষিকথা শোনে

সেই গল্প রটে যায় জাহাজঘাটায়
রেলিং-এর ধারে ধারে উৎসুক জনতা

গল্প জমানো চিঠি, ভাঁজ খুলে নিলে
হাত ফস্কে পড়ে যায় নির্জন লেফাফা

মলিন খামের ভাঁজে কান্না, হাত রাখা
আদরের নৌকো নোনতা জলে ডুবে যায়

৯.

শঙ্খ আর করাতের অবৈধ মিলনে
আমাদের ভালোবাসা জন্ম নিয়েছিল
তখন আকাশ ছিল বাষ্পে ভরপুর
তখন হাওয়ায় শেষ মাঘের রোদ্দুর

আমরা হেঁটেছি ভাঙা ফুটপাত ধরে
ভাঁড়ে চা খেয়েছি দুর আহিরিটোলায়
যেখানে গলির মুখে আচমকা দাঁড়ালে
গঙ্গার দিকভুল হাওয়া ছুটে আসে

পার হয়েছি রেলব্রিজ, উড়ালপুলের
মায়াবী হলুদ ট্যাক্সি... ঠোঁটে ঠোঁট রেখে
ব্যারিকেড গড়িনি, এটা নাইনটিজ নয়
চে গেভারা আজ শুধু টি-শার্টের মুখ

ফিরে এসো ইচ্ছেপাখি, বুকে বাসা বাঁধো!

১০.

'মিটার ডাউন করো, আমরা অনেক দূরে যাব'
কতখানি? যতদূরে গেলে জাহান্নাম?

নরক শপিং মলে বাসা বেঁধে আছে
আমরা তার মুঠো ফসকে পালিয়ে এসেছি

আলোর শহরে বুড়ো রাক্ষসের চোখ জ্বলে-নেভে
উইন্ডস্ক্রিনে বদলে যায় চেনা কলকাতা

দূরে যেতে হবে বলে আমরা আরো কাছে চলে আসি
আঙুলে আঙুলে ছোঁয় শেষ সিগনেচার

সবটুকু মদ আজ বিদেশি ব্র্যান্ডের বিজ্ঞাপন
সামনে থেকে যা দেখায় তা কখনো সত্যি হয় না...

টেবিল তৈরি, এসো, কয়েক গ্লাস মিথ্যা পান করি!

১১.

মর্বিড হাভেলিতে জন্ম হয়েছিল
মাথার বাঁদিকে মস্ত ক্ষতচিহ্ন নিয়ে

সেই থেকে রাত্রিবেলা ঘুমোতে পারি না

রেডিও স্টেশন থেকে ইথারকণারা
মগজে পেরেক গেঁথে রাখে

বলে: স্মৃতিভ্রংশ হোক
আঁকা ছবি ছিঁড়ে ফেলে দাও

রাস্তায় নেমেছি
আর, বাতিল স্বপ্নেরা

আর একবার নিঃস্ব হতে বলে
অতীত বদলে ফেলতে বলে

বালিঘড়ি উল্টে দিয়ে যায়

১২.

সময় যখন থমকে গেছে ইচ্ছেপাখির ডানায়
উপচে ওঠা বুনো মদের পাত্র কানায় কানায়

হৃৎপিণ্ডে উড়ে আসুক স্বপ্ন-পোড়া-ছাই
নিভে গিয়েও জ্বলে উঠবে হোয়াটসঅ্যাপের আলো

"...জানেন, আজ বাসগুমটির ফুটপাতের হোটেল
রুটি-তড়কা, পেঁয়াজকুচি, ডিনার সেরে নিলাম"

সার্কুলার রোডের গায়ে শীতের সন্ধে নামে
পাগল লোক প্রোফাইলের ভিতরে ঢুকে পড়ে

দেখে: স্টেটাস বদলে যায় আরেকবার, 'মৃত'
জিভের স্বাদ মৃত্যুপাখি, প্রতিদিনের ভোর...

আরেকবার ঝড়ের পাখি, স্বপ্নে ফুলচোর!

১৩.

মাদার টেরেসার নীচে দাঁড়া!

আধঘণ্টা সময় নেব
হাত ধরতে বলব না একবারও

কে যেন ফিসফিস করে
'ষাটের দশক'

আমার জ্যাকেটে তোর
পারফিউমবিহীন গন্ধ

সব কথা জাতিস্মর জানে

তোর মুখ সূর্যমুখী, ভোর

এফএম রেডিও কিনব
গান শুনব মান্না-হেমন্তর...

১৪.

একলা মানুষ জলের কিনারে হাঁটে
মৃত জল শুধু কালপুরুষের ছায়া

হরতুকি বনে পাতা ঝরে যায় রোজ
তারা খসে পড়ে ব্যথাতুর ভোররাতে

কার যেন এসে দাঁড়াবার কথা ছিল
ত্রিফলার আলো মাথা হেঁট করে রাখে

গতজন্মের ঠিকানা বদলে গেছে
ভুল দরজায় কড়া-নেড়ে-যাওয়া লোক

বোঝেনি, কপাট খুলবে না কোনোদিন
জংধরা তালা, ভাঙা নেমপ্লেট আজো

অপরূপ এক পলাতক রূপকথা
এই পৃথিবীতে ফিরে আসবে না আর!

১৫.

কেউ কারো আয়না নই
কেউ কারো মনস্কাম নই

আমরা আলাদা গল্প
চরিত্রের প্রয়োজনে কয়েক-পা হেঁটেছি

থার্ডবেল বাজার আগে
পর্দা সরে গেলে

দর্শক পুতুলখেলা দেখে,
ফিরে যায়

আবার মঞ্চে উঠবে
অন্য কুশীলব

গল্প শেষ হবে

১৬.

অক্সিজেন-খসে যাওয়া তারা
অদেখা নিশানায় ছুড়ে দেওয়া বল্লম
গুলতির মাথায় বসানো ফ্লাইং সসার
সব তুমি নাও
আমাকে ফেরত দাও মার্চ-এপ্রিলের দিন
বসন্তের দীর্ঘশ্বাস

যখন পাতা ঝরত অবিরাম
জেটির বুক খালি করে ভেসে যেত
                                    স্টিমার
স্তব্ধ, কালো জলকে সাক্ষী রেখে
টাইমমেশিনে পা রাখতাম আমরা
ডানা গজাত শরীরের
উড়াল দিত শহরের মাথায়

এইসব গল্পকথা এক
                    অন্যযুগের কাহন
যদি পারো এঁকে রেখো পাথরের গুহায়
যাতে চিহ্ন আর হরফ মিলিয়ে
ভাঙাচোরা ইতিহাস আরো একবার
                    লিখে নিতে পারে কেউ

১৭.

"তোমার শরীরে আমি
অন্য রমণীর গন্ধ পাই"

পৌষের বিকেল শেষ
রোদ নিভে এলো

চিনেবাদামের খোলা
উড়েছে হাওয়ায়... কেউ

অবিশ্বাসী ঘাম শুঁকে নিলে

না-বলা কথারা
চার দেয়ালে ধাক্কা খেয়ে ফেরে

নির্জনতা পাশ দিয়ে শোয়
চাপা স্বর

বেডসুইচে হাত রাখে
বলে না কিছুই, কেঁপে ওঠে

"তোমার আত্মায় আমি
অন্য পুরুষের গন্ধ পাই"

১৮.

তোমার কুড়িভাগ জানিনি কোনোদিন
উপরে পাটাতন, জলের তলদেশ

গভীর, ঘন কালো, শ্যাওলা-মাখা ঢেউ
লম্বা ভেজা চুল কোমর ছুঁয়ে যায়

বাতাসে রেণু ওড়ে, পরাগ-সংযোগ
শরীর আধখোলা... চাঁদের গায়ে চাঁদ

লেগেছে, তাই কোনো বাঁধন মানব না
মুঠোয় ধরা হাত ছাড়িনি একবারও

কোথায়, কতদূরে তোমার বাসাবাড়ি?
গভীর, নির্জন ঠিকানা দোল খায়

লেফাফা জলে-ভেজা, বৃষ্টি রামধনু
লেপ্টে যাওয়া নাম ঘুমের ভিতরেও

বোবায়-ধরা ঠোঁটে চুমুর নীলদাগ
রক্তে নিকোটিন, স্মৃতির কশেরুকা

১৯.

তোমাদের ঘেন্না করি, তোমাদের নমস্কার করি
গড়িয়াহাটের মোড়ে দু-ঝলক ফেসবুকের মেয়ে
যদি চোখ জ্বলে ওঠে, তার কোনো বিকল্প হয় না
ভাঙা সেতু থুবড়ে পড়ে ভার্চুয়াল রিয়ালিটি বেয়ে

এ অব্দি পড়েই নাক কুঁচকোবে নীতিবাগীশেরা
সবার চোখের সামনে পোড়াও এ বাতিল উপমা
শব্দ ক্লিশে, বে-জুবান, বুকর্যাকে ঠাঁই দিও না ওকে
ল্যাম্পপোস্টে বেঁধে রেখে এইসব ফুলস্টপ, কমা

পেটাও, যতক্ষণ না শেষ রক্তবিন্দু ঝরে পড়ে
গণধোলাইয়ের পর আপনা থেকে ঝুঁকে পড়বে মাথা
ওয়াইচ্যানেলের থেকে হোয়াটসঅ্যাপে ব্লক করে দাও
দেয়ালে লটকে দাও জন্ম-অপরাধীর কবিতা!

২০.

চুম্বনের মধ্যে থাকে ক্ষমতা-কাঠামো
সঙ্গমে লুকোনো আছে ক্ষমতার বিষ
যদি পারো, ক্ষমতার অণু-পরমাণু
ধ্বংস করো, আদিগঙ্গা রক্তে ভেসে যাক!

রক্তের আরেক নাম ক্ষমতার রং
ফেসবুক ক্ষমতার উঠোন, সীমানা
ক্ষমতা কলতলায় জন্ম নেয়, মরে
অকালহোলিতে তার লাশ পুড়ে যায়

প্রত্যেকটা লাশের গায়ে ক্ষমতার দাগ
লিপস্টিক, পমেটম কান্না ক্ষমতার
মাঝরাতে লবণের স্বাদ বুকে নিয়ে
ভিজে যায় ক্ষমতার বালিশ-পাজামা...

২১.

বলিভিয়া থেকে চেতলা ঢুকছে জননায়কের লাশ
শ্মশান-স্বপন ওঁত পেতে আছে শ্রদ্ধা জানাবে বলে
বেহালায় ফুল ছশো টাকা কেজি, লেকমার্কেটে সাতশো
দিবাবসানের সূর্য তখনো ঝলসে দিচ্ছে চারপাশ

গোধুলি নামবে শর্মিলা আর বিকাশের তাজা রক্তে
খ্যাপা ষাঁড় হয়ে শহর মাতাবে সময়, উল্টো দূরবীণ
ক্ষয়ে যেতে যেতে পাগল কবীর তুফান তুলবে গিটারে
অরণ্য জুড়ে নীল অভিশাপ... আলুচাষীদের শেষ ঋণ

প্রতি স্লট পিছু ডলার-পাউন্ড... কভার করবে মিডিয়া
শেয়ারের তালে গণহত্যার বাজার উঠছে-নামছে
দামি কোক হাতে ছেলেরা-মেয়েরা অ্যাক্রোপলিস, ফোরামে
কাঠপুতুলেরা সমবেত স্বরে জনগণমন গাইছে!

নিঝুম রাত্রি... ফুটপাত থেকে পশরা গোটায় দোকানি
ফলের ঝুড়িতে পিঁপড়ের সারি, নিভু-নিভু কুপি, লণ্ঠন
আস্তিন-ভাঙা কাটা হাত শুধু ঝুলে থাকে বোবা শূন্যে
ভিখিরির থালা-চাটা ভাতে আজ কুকুরেও মুখ দেয়নি...

২২.

কখনো পাবে না নুলিয়ার হাতে সেভাবে তোমাকে
সেই যে বছর আমার মেয়েটা জলে পড়ে গেল
                              কাঁপা দুই হাতে
তার চুল থেকে বালি ঝরালাম, তুলোর বিছানা
ভাঙা নদীখাত তোশকের মতো আমায় জড়াল

সেই থেকে শুরু চন্দ্রগ্রহণ
জিভের ডগায় আলপিন বিঁধে পথে পথে ঘোরা!

দিনরাত্রির ভিতরে কে যেন করাত চালিয়ে দিয়েছে
                                    তোমার
ছোঁয়ায় আমার বাঁ-চোখের কোলে রক্ত ঝরেছে...

হেরে যাওয়া ধ্রুবতারাটির মতো আমিও এখানে
বহিরাগতর ভূমিকা নিয়েছি, ছোটো হয়ে গেছি
আমার গোঙানি মধ্যরাতের কুকুরের শ্বাস!

দু-পায়ে শিকল জড়িয়ে পেরোনো পথ
                          বারোমাস...

২৩.

চোখের জল, মরচে-পড়া মানুষ
ক্লান্ত অলি-গলির বাঁকে শেষ
তারা খসার আওয়াজ শুনতে পায়
ছত্রখান, লুকোনো কান্নায়

সে আর তার শরীর বেঁচে ওঠে
অচেনা কোন গ্রহান্তর থেকে
স্বপ্ন তাকে হাত বাড়িয়ে ডাকে
দুধেল, সাদা ছায়াপথের আলো

আরেকবার বিভ্রমের দিকে
ছোটাবে তাকে, অলীক কুয়াশায়
বোতামহীন ছেঁড়া শার্টের ডানা
রক্ত আর বাষ্পে মাখামাখি

দু-পাটি জুতো একলা পড়ে আছে!

২৪.

অন্য জন্মের কথা মনে পড়ে এইসব রাতে
ট্রেনিং ক্যাম্পের শেষে আলতো গুঁড়িপথ
নিয়তি দাঁড়িয়েছিল ভিক্ষাপাত্র হাতে
আমরা অজান্তেই বুবি ট্র্যাপ পার হয়ে গেছি

জ্বলন্ত ঝোপরপট্টি, হোলির আগের সন্ধেবেলা
কোথায় আগুন জ্বলছে, রাস্তায় রাস্তায়
খুঁজব বলে আরেকবার পথে নেমে দেখি:
গ্লো-সাইনে ভর দিয়ে ক্লান্ত নেমেসিস

আমার ভবিষ্যৎ পড়ে ফেলছে, হাতের রেখায়
কোন বাঁকে মৃত্যুদাগ, অবিকল লিখে দিয়ে গেছে...

২৫.

মর্বিড, তোমাকে দেখি ধূসর ছায়ায় মিশে যেতে
তুমি ছিলে কুহকের নিকট আত্মীয়
পুরাণের ভাষা বুঝতে চেয়েছিলাম বলে
আমায় গোষ্ঠীপতি চির-নির্বাসন দিয়েছেন!

আমি আজ কেউ নই বলে তোমাদের
ট্যাবলয়েড আর আমাকে কভার করে না:
শুধু মৃত্যুদূত এসে ঘুম ভাঙায় খুব ভোরবেলা,
ড্রাইভার চেঁচিয়ে ওঠে: ''চেলিডাঙা মোড় এসে গেছে...''

২৬.

মৃত্যু এক বিজ্ঞাপন, সে ছিল তোমার অন্য নাম
'এক মিনিটের জলে চড়ুইপাখির ধারাস্নান'
গেয়েছে কবীর– সেই গানেও শ্যাওলা জমে আছে...

পাতা উল্টোনোর পরও তোমার মুখশ্রী ভেসে ওঠে!

২৭.

ফিল্মের পোস্টারে দেখি মুখ
আমুল ব্র্যান্ডের বিজ্ঞাপন
আমি যাকে ভালোবাসি, তার
হাত ছোঁয় অন্য কারো মন

একই নেটওয়ার্কে বেঁচে আছি
আমাদের যোগাযোগ নেই

বেড়ে ওঠে সোশ্যাল মিডিয়া
ব্যর্থ মুখ, অন্ধ, কদাকার
কোথায় জায়গা দেবে তাকে?
সব রাস্তা রোম পৌঁছবে না...

আঁকড়ে থাকো...অন্যভাবে বাঁচো!

২৮.

পলকা হাওয়ায় গড়িয়ে পড়ল সর্ষেদানাগুলো
আরেকবার দৃশ্যেরা সব বন্ধ খাঁচা খুলে
আকাশ জুড়ে পাক খাচ্ছে, ফেরত পাখির ঝাঁক!
গোখরো সাপের মণির আলোয় সূর্য ডুবে যায়...

জলের নীচে হাত ডুবিয়ে মুক্তো পেয়েছিলাম।
ফ্যাকাশে রং... দানার গায়ে রক্ত একাকার
লালচে সেই পারদচটা আয়না থেকে যার
মুখের ছবি বেরিয়ে এলো, তাকেও শীতভোরে

দেখেছিলাম ময়দানের কুয়াশামাখা রোদে
মিলিয়ে যেতে... শান্ত ট্রাম খিদিরপুরগামী
চাকার নীচে থেঁতলে যাওয়া শরীর কবিতার
শব্দগুলো ছিন্নভিন্ন, পিণ্ড হয়ে আছে!

২৯.

ছিটকে চলে গিয়েছিল, তোমার বিপন্ন ঘরবাড়ি
কেঁপে উঠেছিল জোড়া-সেলাইয়ের ফেটে যাওয়া দাগে
শিকল, বিরক্তিকর ফ্যাসাদের দীর্ঘ পরমায়ু
তোমায় ভিতর থেকে নষ্ট করে দিয়েছে প্রতিদিন
সেই থেকে রাত্রিবেলা ঘুমোতে পারো না
খুব ভোরে জেগে উঠে আয়নার সঙ্গে কথা বলো:
কেউ পরামর্শ দেয়: ''ঘড়িগুলো বিক্রি করে দাও
সবটুকু অতীতকাল মুহূর্তে ভ্যানিশ হয়ে যাবে...''
ধেঁড়ে ইঁদুরের সঙ্গে বন্ধুত্ব পাতাও, তাকে বলো:
গর্তের মুখগুলোকে পাতালের গুহা করে দিতে
যেখানে অন্ধকার টানেল পেরোলে আর একবার
পৃথিবীর উল্টোদিক, চাঁদের ও-পিঠ দেখা যাবে!

৩০.

দোপাটি, আঙুরবালা নিজেকে যখন
ছিঁড়ে নিয়ে চলে গেল, নষ্ট পলিথিন
শ্বাসবায়ু খুবলে নিয়ে, ভাঙা ল্যাপটপে
ইস্টম্যানকালারের ছবি ভেসে ওঠে...

অটোস্ট্যান্ড, খুচরো গোনে ফেরতলোকেরা
কলারে ঘামের গন্ধ। বাসি পারফিউম।
সাইডব্যাগে ভাঁজ করে রাখা সব স্মৃতি
জমানো আর্কাইভ... নেশার শরীরে

অচেনা সিঁড়ির ধাপে পা ফেলতে গিয়ে
আরেকবার অন্ধকার হাতড়ে টের পায়

সাইনবোর্ড বদলে গেছে প্রত্যেক দরজায় !

৩১.

কভার ফটোতে মাকড়সা
ওই শুঁড়িপথ বেয়ে অন্দরমহলে
ঢুকে পড়ি
দেখি জরাজীর্ণ টিকটিকি
বিরাট স্বভাবের পতঙ্গ গিলে খায়

মাঝরাতের শরীর
মৃত্যুর পরেও ফুলেফেঁপে ওঠে

দুমড়ে যাওয়া নিশির ডাক
আর অনবরত কান্না
“এভাবে ফেলে যেও না, ফিরে এসো
এভাবে ফিরো না, চলে যাও”
গ্রামোফোনের কুকুর
ভাঙা, ফ্যাঁসফেঁসে গলায় চিৎকার করে

দরজাগুলো সাউন্ডপ্রুফ, পাথরের
হৃৎপিণ্ডে খিল আটকানো আছে!

৩২.

ডিম, পিঁপড়ের সারি দীর্ঘ উট হয়ে চলে
ওরা ছুটছে নিজেদের স্থায়ী বসতি গড়তে
ধারাভির হাজার বাচ্চা সেভেন হিলসের গেটে
                    মাথা ঠুকছে চিরাগ

কেউই আর একবার ছিন্নমূল হতে চায় না
যে বাচ্চাকে হারিয়েছে, যার মা চলে গেছে অন্য
                    পুরুষের সাথে
যার বোন মাঝরাতে দামি গাড়ি থেকে নামে
টলতে টলতে ঢোকে দমবন্ধ খাঁচায়
তাদের সবার হয়ে লিখছি এই অকিঞ্চিৎকর
                    কয়েকটা লাইন

আমিও ছিন্নমূল, সেই ঝড়জলের রাতে
যে অভিমান বুকে নিয়ে আড়াই ঘণ্টা পাড়ি দিয়েছিল
সে আজ কোথাও নেই, তার স্মৃতিরেখা
চোখের জলে ধুইয়ে দিচ্ছে আবছা ল্যাপটপ
আমার দম আটকে আসছে
এখান থেকে ছুটে বেরিয়ে যেতে ইচ্ছে করছে আমার!

৩৩.

সামনে আরো অনেকটা পথ
ঘূর্ণিঝড়ের সরলরেখা
বাঁক নিচ্ছে এনএইচ-১৬
অসম্ভব প্যারাবোলায়

এখান থেকেই গল্প শুরু
রুশ পুতুল মাত্রুস্কা
পেটের ভিতর হাজার কাহন
গর্ভবতী আখ্যানেরা

ফ্ল্যাশব্যাকের দৃশ্যে যেমন
অতীত এসে ভেংচি কাটে
তোমার মুখ সমাপতন
ভুল ছন্দে কবিতা লেখা...

৩৪.

নিকষ কালো তোমার অলংকার, দুর্মূল্য গয়নায় হলমার্ক
নেই, শুধু আদ্যিকালের ট্রাংকের ভিতর জমানো জহরত,
ঠাকুমার সাত রাজার ধন এক মানিক, এক উদ্ভিন্ন বৌদি
এসে বলবে: "কবিতায় গল্প কোথায়, গল্প?"... আমি তো
আখ্যান শুরু করতে গিয়েই থমকে গেলাম, তোমাদের
একচালা বাড়ির সামনে দিয়ে চলন্ত রিক্সায় হোয়াটসঅ্যাপ
করছিলাম, মেসেজ এলো: "এখন আমার গায়ে একটা সুতোও
নেই"... এখান থেকেই শুরু হোক তবে গড়িয়ে নামার ইতিহাস,
আমি আসলে যে-কোনো গল্পের শেষটা দেখতে চাই, সেই
উপসংহার, যেখানে ঝলমলে বিজ্ঞাপনের ভিতর তোমার
অহং কুঁকড়ে যাবে, ঢুকে পড়বে মায়ের দেরাজে আর আমৃত্যু
গ্রুপফটোর ভিতর ফ্রিজশট হয়ে থাকবে তোমার যাবতীয়
ছেনালি, বাহানা, যত মিথ্যে শব্দ বুনে তুমি বানিয়েছিলে
আকাশি রং-এর পশমিনা, তার ব্যাকড্রপ, হাজার তারার
আলোয় ভরা চোখ নয়, নিরুপদ্রব চোখের বালির অস্বস্তি...

৩৫.

হিংসার থিয়েটারে আজ শেষ বিন্দু রক্ত ঝরে পড়ল।
আর্তো কঁকিয়ে উঠল ব্যথায়, অবিশ্বাসে। আমরা যে
যার মতো ঘরে ফিরলাম ন্যাতানো পলিথিন... সবকটা
ম্যানহোলের মুখ আটকে রাখা সাদা আরশোলা আমাদের
দ্বিচারিতা জানে, এও আন্দাজ করে সমস্ত দর্শন আসলে
তৈরি-করা ভাষার মিথ্যা কাটাকুটি, কে যেন বারবার
একই চক্ররেখায় ফিরে আসতে বলে... ভিতরমহলের আত্মায়
জিভ বুলোয় আমাদের ছায়া, যার স্বাদ তেতো, কষাটে,
অবিকল সেই সন্ধেগুলোর মতো, যখন পার্ক স্ট্রিটের মোড়ে
আমি দাঁড়িয়ে থাকতাম আর জাহান্নামের ব্যারিকেড দেখাবে
বলে রাস্তা ক্রস করে হেঁটে আসত সেই রোগা, একরত্তি
মেয়েটা...

৩৬.

আসলে আমি একটা হাইফেন
আমার চোখে আলপিন ফোটাও

আসলে আমি একটা জন্তু, হামবাগ
বিচিতে কষিয়ে লাথি মারো

একটা অনাবশ্যক হারামজাদা
স্নানের জলে ভাসিয়ে দেওয়া বাচ্চা

যার কান্নার শব্দও কেউ শোনেনি
নুন খাইয়ে মেরে ফেলো আমায়

শাসাও, মাঝরাতে উঠে পেটাও
চুলের মুঠি ধরে ফুটপাথে ছেড়ে দিয়ে এসো

চিকিৎসার অযোগ্য আমি
গোটা পৃথিবী জুড়ে সিজোফ্রেনিয়া

আমি মহামারীর বীজ
কীটনাশক স্প্রে করো আমায়

৩৭.

খোলা ম্যানহোল আমায় ডেকেছে, মহাপ্রস্থানে যাব
পাতালপ্রবেশ, ছিনিয়ে আনব রক্তজবার নেশা
পাতাখোরদের দলে মিশে গিয়ে শিখেছি বিস্মরণের
কৌশল, আমি কাঁটাতার জুড়ে ছিন্নমূলের চোখে

দেখেছি ঘেন্না, জয়পরাজয়, অস্ত্রের চেয়ে দামি
লাল রং, ঠিক সেই দিন থেকে তোমার বিরোধী আমি
সাঁজোয়াগাড়ির চাকায় পিষেছ কাস্তে-হাতুড়ি-তারা
ক্রেমলিন থেকে গুলি চালিয়েছে শাসক সর্বহারা

বিশ্বাস আজ ধু ধু রাস্তায় অঙ্গার হয়ে জ্বলে
আমার পকেটে রেডকার্ড নেই, রক্ষাকবচ উধাও
তোমার জন্য বিদেশী পণ্য, আমি রেশনের লাইনে
রাত কাটিয়েছি, কুঁকড়ে গিয়েছি আখমাতোভার মতো

পলিটব্যুরোর দেবতা, তোমায় পরোয়া করিনি আমি
এক লহমায় লেনিন-মূর্তি চুরমার করে দেব!

৩৮.

'ফ্যানাটিক' বলে ডাকে লোকে
বলে অন্ধ, উগ্র মৌলবাদী
'সেকুলারিজম' একটা খাঁচা
আমি নিরপেক্ষতা-বিরোধী

ফুকো-র এইডস হয়েছিল
হয়তো কোনো সংক্রামক ব্যাধি
আমায়ও ভিতর থেকে খাবে
চিরন্তন ঘুণপোকার মতো

এভাবেই লিখব আটলাইন
বাকি স্তবকের ফাঁকে ফাঁকে
তোমার শরীরে ঢুকে গিয়ে
কালান্তক যম হব আমি...

আমায় উপেক্ষা করেছিলে?
সহমরণের পথে চলো!

৩৯.

মৃত্যু উপহার দিয়েছিলে
আমি সেই মূর্তি বয়ে নিয়ে
ফিরে আসছি নিজের ডেরায়
ধাবার পাশেই হাইওয়ে

বেড়ে যায় ঋণের বহর
তুমি সেই মিশরের দেবী
যার চোখে মৃত্যু, নীলনদ
যার ঠোঁটে নদীমাতৃকতা

যদি ও নদীতে ভেসে যাই
টুকরো হয় বেহুলার ভেলা
আঁকড়ে ধরার খড়কুটো
হাতের নাগালে না-ই থাকে

তুলে রাখব আমার দেরাজে
উপহার, মৃত্যুর দেবতা!

৪০.

আমি কবন্ধ, শ্বদাঁত বসাও
আমার গলায় বকলেস বাঁধো
আমি তোমাদের
উঠোনে বসেছি, ফুলচোর থেকে
                রাজা বনে যাব...

শাল-পিয়ালের জঙ্গলে আজ
আগুন জ্বলছে...

কে কোথায় কোন বাংলার ঠেক
আলো করে আছে ভুলে গেছি আমি
                মাথা নেই বলে
স্মৃতিও উধাও
মাঝরাত্তিরে পুলিশ ঢুকেছে
তোমার লোপাট স্বপ্নের ঘর-বাড়ি
                ভেঙে দিতে!

৪১.

রাত্রিদিন ভয় বুকে নিয়ে বেঁচে থাকো তুমি
শামুকের খোলের গর্তে সেঁধিয়ে যাও
কখন ঢুকবে এসএমএস তোমার মৃত্যুপরোয়ানা
সিরিঞ্জ এসে টেনে নেবে রক্ত
মুখে পাশবালিশ চেপে, দম আটকে মেরে
                        ফেলার আগে
আবছা সিলুয়েটের মতো ভেসে উঠবে
পর পর ছবি, ন্যাকড়ার পুতুল হাতে
ঘুমোতে যাচ্ছে তোমার মেয়ে, বউ রাতপোশাকে
                        উল্টোচ্ছে বইয়ের পাতা

নির্বোধ আকাশ আরো একবার জিভ ভ্যাঙায়
শহরতলির একলা ঘর ছোটো হয়ে আসে
টেবিলল্যাম্প, মাকড়সার ঝুল, শান্ত জলের
                        বোতলের অনিশ্চয়তা
ঠুঁটো জীবনের ভিতর থেকে অসহায়
মুহূর্তগুলো খুঁজে আনে, টিপে মেরে ফেলে

যতক্ষণ না আরেকটা ভোরবেলার গল্পে
                তোমার পুনর্জন্ম হয়!

৪২.

বাঘের মতো কামড়ে ধরো মুহূর্তকে
ঘণ্টা-মিনিটগুলোও কেমন ঝিমিয়ে-পড়া
নিজের শরীর খুন হয়ে যায় রাতবিরেতে
আত্মঘাতী মানুষ যখন বারুদ-ভরা

দুধের কৌটো উল্টে রাখে ব্রিজের নীচে
যাত্রীবোঝাই বাসের ভিতর আততায়ীর
বুকপকেটে দুভাঁজ-করা গোপন চিঠির
হাতনকশা, সংকেত আর সান্ধ্যভাষায়

নিজের জীবন... শতচ্ছিন্ন, দ্বিখণ্ডিত...
ক্ষ্যাপা মোষের শিঙের ডগায় হে মাতাদোর
হার স্বীকার করতে চাওনি– ফাঁকা রুমাল
উড়িয়ে দিচ্ছ, পায়ের তলায় আলগা পাথর !

বহুতলের আকাশ জুড়ে শেষ গোধূলি
খতরনাক লালের চেয়েও অনন্ত লাল...

৪৩.

শেহেরজাদি প্রত্যেক রাতে নতুন গল্প বলত সুলতানের মৃত্যুকে ঠেকিয়ে রাখবে বলে, ১০১ আরব্যরজনীর জন্ম এভাবেই, তুমিও একদিন আমার হাতে তুলে দিয়েছিলে মৃত্যুপরোয়ানা, ৫ অগস্ট, ১৯৭১, ময়দানের কুয়াশামাখা ভোরবেলার মতো, যেদিন প্রিজনভ্যান থেকে নামিয়ে ওরা আমায় বলেছিল: "যা এবার ছুটে পালা"... দিগন্তরেখার আগে, কার্নিশের বুড়ি ছোঁয়ার মুহূর্তেও আমি জানতাম না কোন রাইফেলের ট্রিগার গর্জে উঠবে, আর ফিনিশিং লাইনে হাত রাখার পর, রক্তে-ভেজা আত্মা উড়াল দিয়েছিল অচেনা গ্রহে, মৃত্যুর উল্টোপিঠে, যেখানে হাজার এক রূপকথার গল্পে ধাক্কা খায় গ্রহান্তরের স্পর্ধা, হৃৎপিণ্ডে পাথর ভরে শুরু হয় উল্কার দৌড়, শেহেরজাদির ভূমিকায় নিজেকে দাঁড় করাবে বলে...

৪৪.

স্মৃতির টহলদারি আর মুগ্ধ করে না, নীল কৈশোরের
চোরাটান, গলিপথ চোখে আঙুল দিয়ে দেখায় মাঝরাস্তার
বাড়িঘর, তিনতলা-চারতলা ফ্ল্যাটগুলো আজ কত বেঁটে,
তুচ্ছ হয়ে গেছে! রিক্সাওয়ালা মুন্সিজি মারা গেছে দু-দশক,
ডালপালায় ঢাকা মসজিদ আরো কিছুটা পুরোনো হয়েছে,
রং-বদলে ফেলা পার্টি অফিস, জলের দোকান, খুব ভোরে
বাক্সগাড়ি চেপে স্কুল যাবার রহস্যপথ, জুতো সেলাইয়ের
সরঞ্জাম নিয়ে বিহারি বাঁশিওয়ালা অপেক্ষায় নেই, ইতিহাসের
নজর এড়িয়ে বোধহয় আমিই হঠাৎ লম্বা হয়ে গেছি কয়েক
ফুট, স্কাইলাইনে কুয়াশা ঘনায়, দৃষ্টি ঝাপসা হয়ে ওঠে,
স্টেশন থেমে নেমে ওই রাস্তা দিয়েই পায়ে হেঁটে বাড়ি ফিরত
মা, বাবাকেও রিক্সায় চাপতে দেখিনি প্রায় কোনোদিন...

৪৫.

রাত্রি আস্কারা দিচ্ছে, সন্দেহপ্রবণ
মেঘ আবার জমে উঠছে ঈশানকোণে, অনভ্যস্ত
হাত কাঁপা কাঁপা এইসব অক্ষর লেখে
নদীমাতৃক সভ্যতায় অবান্তর পলি পড়ে যায় !

কার চোখের জল ধরা রইল উইন্ডস্ক্রিনে ?
পাঁচ আঙুলের ভিতর ছোট্ট তর্জনী ঔদ্ধত্য জানায়...

তুই আমায় ক্ষমা করিস ছেঁড়া বসন্তের মেঘ,
ও যে নিঃসপত্ন অধিকার চেয়েছিল, আলাদিন,
যাদুচিরাগের আলো দীর্ঘস্থায়ী হয় না কখনো...

ফাটা কাচের গায়ে বাষ্প, নিঃশব্দ কান্না
        গুমরে ওঠে, মরে !

৪৬.

মৃত্যু ছুটে এসেছিল, আমি তার ভেন্টিলেশনের
গহ্বরে মাথা ঢুকিয়ে অবশিষ্ট আরাম চেয়েছি
কাটা হাত ভেঙে কেউ নিরালম্ব ঝুলিয়ে দিয়েছে
এটাই চেয়েছিলাম, আমৃত্যু পাখির ডানা হতে

যে পাখি উড়াল দেবে বলে চায় অফুরান দরিয়া

অশ্রু আদতে নুন, জমে হয় ঠান্ডা পাথর
পাথরে জন্মাবে গাছ, বিশুদ্ধ চিতার জ্বলা কাঠ
হাতে নিয়ে ফিরে আসবে একদশক পরে

আমার রক্ত এসে মুখোমুখি দাঁড়াবে আমার !

৪৭.

তুমি ছিলে আমার প্রত্যেকটা মৃত্যুর সওদাগর
পাশবালিশের মতো ঠেলে দিতে আমাকে
                        বিছানার কোণে
ভাঁজ করে রাখতে কম্বলের ভিতর
আজো কবিতার প্রত্যেকটা লাইনে বিদ্যুৎ
                        খেলাতে পারি না
শিখিনি আত্মার গহ্বর নিঃশেষ করে দিতে

তাহলে, কী নিয়ে কথা বলব আমি?
মৃত্যু উপত্যকাই আমার একমাত্র বাসাবাড়ি

সেই কুয়োর ভিতর থেকে বেরিয়ে আসা
                        কচি হাতের দোহাই
আমাকে জীবনের উল্টো পিঠে রাখো
ক্ষতলাঞ্ছনায় ফেলে দিও না
হত্যা করো, আমায় পুরোদস্তুর মারো!

৪৮.

কিউরিও, যেখানে টেনে নামিয়েছ
সেটা আদিগন্ত জলাভূমি, বেঁটে ঘোড়ার দল
                সূর্য ডুবলে জল খেতে আসে

রোহিণী নক্ষত্র এই পতনের সাক্ষী
জানে, টেবিলে সাজানো বনসাই হয়ে
বেঁচে থাকা এ জীবনে সম্ভব নয়...

তার চেয়ে বরং আরেকবার
বন্দুকের টোটা হয়ে ছিটকে যাওয়া ভালো
নেমেসিসকে সঙ্গী হিসেবে বরণ করা
কোনো চাঁদমারি, ঝোলানো চাবির রিং-এ
ধাক্কা খেয়ে অহেতুক মরে যাওয়া
                গৌরবের

স্প্রিন্ট টানার আগে
শরীর হয়ে ওঠে ছিলাটান
নিজেকে পিছিয়ে আনতে হয় খানিকটা
যাতে ওই পিছু হটা মনে থাকে
                বাকি দিনগুলোয়

৪৯.

ক্যালেন্ডার লিখে রাখে তিরিশ দিনের
ঊর্ধ্বশ্বাস হিসেব, আমি ছুটি নেব
পালাতে চাই বাউন্ডারি-ওয়াল ভেঙে
মণীষীদের মূর্তি পিছনে রেখে দিগন্তে
                        ফেরারি হতে চাই

নিয়তি অবিকল হাওয়ামোরগ
যে-কোনো দিকে ছুটিয়ে মারে কারণ ছাড়াই
আর সিংগল-স্ক্রিন পর্দায় বৃষ্টি পড়লে
                        দিশেহারা লাগে
যেন ভিজে হাত এসে ধুইয়ে দিচ্ছে ক্ষতস্থান
শেষ বিকেলের রোদ ঢুকে পড়ছে
                        জাফরির ভিতর
যেখানে নির্জনতা, ভয়
হাত ধরে ছুটে যাবে ফোকাসের বাইরে

ওখানেই পৌঁছব আমি
অন্ধকার ফাল্গুনরাতের তারায় তারায়

৫০.

দরজায় তালা পড়ল ভাঙা রাজপ্রাসাদের
১৯টা ছেলে-বুড়ো নিঃস্ব হয়ে দাঁড়াল রাস্তায়

আমি মৃত্যুকে ভিকট্রিস্ট্যান্ড থেকে দেখি
মুহূর্তকে টের পাই জাম্পকাট ভিউ

একটা বাচ্চা মেয়ে ঘুরে বেড়ায় প্রজাপতি বাগানে
তার বাবা নেই। মা অন্য বাড়িতে থাকে

ক্লাইম্যাক্স মানে নিঃশব্দ উপত্যকা
বাজনা হাতে এক ঝাঁক টুপিঅলা বামন

কেউ টুকরো চকের উপর ভারতের ম্যাপ এঁকেছিল
বাকিরা হাততালি দিত দরজায় দরজায়

নির্জন শহরে ছড়িয়ে যায় গল্পকথা
লেখক উধাও ! তার ছায়াও মরে গেছে বহুদিন

শেষরাতের চাঁদ শুধু গুমরে ওঠে, কাঁদে...

৫১.

দিগন্তে বারুদ
আর, পর পর জ্বলন্ত কফিন
ভিতরে শোয়ানো আছে অভিশপ্ত অক্ষরের লাশ
আইকার্ড-বিহীন, শুধু হৃৎপিণ্ডে আদ্যক্ষর লেখা!

৫২.

একটাই নম্বর, তোমরা তিনজনে ব্যবহার করো
আমি খেলনা তাস হয়ে তোমাদের কর্তৃত্বপরায়ণ
আঙুলে সুতোয় বাঁধা পুতুলের মতো ঘুরি-ফিরি
ডুবন্ত নৌকার মাঝি গলা-অব্দি-জলে সাঁতরায়

বাঁধের উপরে বসে লাটাই হাতে মজা দেখে কেউ
জানে, অল্পতেই ঘুড়ি বেমালুম কাটা পড়ে যাবে
মাঞ্জাবিহীন সুতো চামড়ায় দাগ বসিয়ে দেবে
রক্তে বিষক্রিয়া জানে শরীর, অদৃশ্য মহামারি!

আমি তোমাদের হাতে মিইয়ে যাওয়া ঠোঙার মতন
প্রতিভাবিহীন রাস্তা থেকে গলিপথে মিশে গেছি...

৫৩.

তোমাকে নিয়ে লিখতে শুরু করে
এ আমি কোন অরণ্যে পৌঁছলাম?
এখানে মাটি বিষের চেয়ে নীল
রাস্তাগুলো শ্বাপদসংকুল

মজায় ছিল জীবনানন্দেরা
গ্লানিকে ওরা হতাশা দিয়ে ঢেকে
পাণ্ডুলিপি ট্রাংকে ভরে রেখে
দাঁড়িয়েছিল ট্রামের মুখোমুখি

মৃত্যু আজ হালকা হয়ে গেছে
মানুষ আরো তুচ্ছ পোকামাকড়
সামনে কোনো গোধূলিরেখা নেই
সপ্তরথী প্রতিটি বাঁকে বাঁকে

৫৪.

আশিস নন্দীর স্বপ্নে আমিও একদিন
ঘর ছাড়ব বলে ফাটা রুকস্যাক গুছিয়ে
দরজায় পা রেখে দেখি স্বয়ং নিয়তি
মধ্যবর্তী ধাপগুলো সরিয়ে নিয়েছে

পুরোটাই অন্ধকার। সিঁড়িও উধাও।
চক্কর কাটছে ক্ষীণ প্রদীপের আলো
পাল্প উপন্যাস থেকে গ্রাফিক নভেলে
হড়কে পড়ে গেছি, কোনো মাঝিমল্লা নেই

যে হাত বাড়িয়ে দেবে, দোকানে বসিয়ে
মুখের সামনে ধরবে অযত্নের রুটি
পেট ভরানোর স্বপ্ন আমার ছিল না
স্বপ্নের লিমিট আমি ভাঙতে চেয়েছিলাম !

৫৫.

মোহরকুঞ্জের সন্ধেবেলা মনে পড়ে
কে যেন নীচের ঠোঁট কামড়ে ধরেছিল

রাত্রি নেমেছিল, খালি পায়ে
চোরকাঁটা বিঁধেছিল, আর

সেদিন শহরে কার্ফিউ
প্রকাশ্যে জ্বলেছে টায়ার

বুকের নরম পাখি কাঁপে
নিবিড়, জড়িয়ে নিতে চায়

অন্ধকারে বিষাদের বীজ
নির্ভুল চিহ্ন রেখে যায়

সে আজ কোথায় জানা নেই
নষ্ট ছবি পুড়ে, জ্বলে খাক

ভিতরমহল থেকে বলি
যেখানেই থাকুক, ভালো থাক...